I0198859

Le Voyage de la Devineresse

Le Parcours de l'Illumination

Almine

Publié par Spiritual Journeys LLC

Copyright 2012
MAB 998 Megatrust

Par Almine
Spiritual Journeys LLC
P.O. Box 300
Newport, Oregon 97365

Tous droits réservés. Aucune partie de cette publication
ne peut être reproduite sans l'autorisation écrite des éditeurs.

www.spiritualjourneys.com
www.almine.fr

ISBN 978-1-936926-81-7 Hardcover

ISBN 978-1-936926-82-4 Adobe Reader

Table des Matières

« *C'est une expérience des plus précieuses que d'avoir un aperçu d'une des vies les plus remarquables de notre temps. Ce livre est destiné à laisser une impression indélébile.* »

- S. E. l'Ambassadeur Armen Sarkissian,
Ancien Premier Ministre d'Arménie,
Astrophysicien, Université de Cambridge,
Royaume-Uni

A Propos de l'Auteure

Almine est une mystique, guérisseuse et enseignante qui, pendant des années, a voyagé à travers de nombreux pays, inspirant des milliers d'individus attirés par son expression compréhensible de concepts métaphysiques avancés. Dans le sillage de son humilité et de son service désintéressé, des miracles indicibles se sont produits.

Dans sa vie enrichie par le mystique et le sacré, elle s'est trouvée face-à-face avec de nombreux Maîtres de Lumière, possédant la pleine mémoire des langages des Anciens, sous forme écrite aussi bien que parlée.

Ses enseignements sont centrés sur l'idée qu'il est non seulement possible de vivre une vie de maîtrise et d'amour mais que c'est le droit de naissance de tout être humain d'atteindre un tel niveau de perfection. Son voyage est devenu celui qui consiste à apprendre à vivre dans le physique en maintenant l'équilibre délicat de rester conscient de soi-même tout en étant en totale expansion.

Lorsque nous vivons dans l'instant, nous vivons dans le lieu de puissance, alignés avec le temps éternel et l'intention de l'Infini. Notre volonté fusionne avec celle du Divin.

Almine

Le Voyage de la Devineresse

Long et passionné a été mon voyage pour comprendre le sens de la vie. Je l'ai cherché dans la communion avec la nature, jeûnant dans les déserts et dans les hautes montagnes. Je l'ai cherché dans les yeux du sage et du fou mais je n'ai trouvé en eux que les images de moi-même.

Ma recherche m'a apporté de nombreuses réponses mais les questions ne cessaient jamais. Toutes les routes tournaient en rond et me ramenaient toujours à moi-même. Alors que j'étais étendue sous mes couvertures dans les montagnes du Montana, je vis que toutes les étoiles tournaient à travers la roue de la nuit, à l'exception de l'Étoile Polaire, inamovible et sereine sur son trône céleste.

Dès lors, comme beaucoup avant moi, je suis entrée dans la quiétude où la voix de mon mental questionneur fut réduite au silence. Les rivières s'écoulaient en moi. J'étais le vent et les chevaux sauvages qui coursaient à travers les prairies. La béatitude était profonde, engloutissant tous les désirs. Nulles frontières je ne connaissais. Le rire ricochait à travers mes cellules. Je goûtais l'extase divine telle un miel sur mon palais.

Mais, profondément dans la langueur de mon expansion, une question faisait écho à travers mon âme. Le rêve avait quitté le mental du rêveur mais le rêveur n'était-il pas maintenant entré dans le rêve? J'étais devenue immobile, comme l'Étoile Polaire, mais je m'étais expansée pour inclure le mouvement en moi.

A nouveau, alors que j'étais étendue sur mon lit, observant toute la vie se mouvant en moi, j'entendis le plus ténu des murmures : la vie est un voyage, non un campement. Tout comme les masses sont en addiction vis-à-vis de leur point de vue contracté, de même l'est le sage qui, dans sa béatitude, devient toutes choses.

Le devin, dans sa recherche à travers la perception croît en puissance, montant toujours plus haut. Pour le maître en illumination qui ne cherche plus à comprendre, la puissance personnelle lui glisse entre les doigts comme une poignée de sable.

Le voyage en spirale du devin, l'expansivité plate du sage — vivre là où les deux se combinent était pour moi la prochaine étape. Les souvenirs d'enfance et le rire revinrent à nouveau. L'aventure de l'inconnu, l'invitation des horizons lointains, fut renouvelée.

Pourtant l'enfant ne peut retourner dans le ventre de sa mère, pas plus que la rivière ne peut retourner à sa source. En réintégrant le drame de la condition humaine et en y jouant à nouveau mon rôle, je savais que, bien que la pièce ait de la valeur, je n'étais pas l'acteur qui joue le rôle.

De la perspective d'un aigle, je pouvais voir la vie et, simultanément, voir comme l'escargot. Je vivais dans l'œil de la tempête, en repos au sein de l'activité. Le mécontentement divin me poussait en avant. Je savais qu'il devait y avoir plus de questions qui n'avaient pas encore reçu de réponse, quelque chose qui n'avait pas encore été vu.

Tout ce qui vivait à l'intérieur de la vie cosmique résidait au sein de mon être. Toutes les réponses, au sein des royaumes de la forme, avaient déjà été vues. Tout comme les traînées sinueuses que j'avais parcourues sur la Terre, je maîtrisais maintenant le temps et l'espace. Voyageant dans les royaumes cachés, là où peu de voyants osent aller, parmi les démons et les anges, les dragons et les dieux, voulant apprendre ce qu'ils savent.

Chacun détenait une page du Livre de la Vie. Pourtant, je fis une grande découverte : dans le cœur de l'humanité, l'ensemble du livre était caché.

Obscurcie par l'égocentrisme, toute la connaissance cosmique se trouve au sein de l'humanité. Le plus dense de tous les êtres, l'homme, est le microcosme de la vie macrocosmique.

Il est séduisant de découvrir et de jouer dans les fabuleux royaumes de lumière. Mais la vie, au sein de ce qui est connu, tourne en rond encore et encore, comme un poisson dans un aquarium.

Roue de la Régénération Perpétuelle

Le temps est un outil plutôt qu'une réalité. Il aide à soutenir l'illusion de la forme. Dans l'intemporel, la tyrannie de l'apparence selon laquelle la forme est solide relâche sa prise.

J'ai fait la chronique de mon voyage sans chercher à savoir si certains me croiraient ou si d'autres ricaneraient à mes paroles. Comme un explorateur à la dérive sur une mer sans fin, j'ai cartographié les royaumes au-delà du mental, espérant laisser les clés des portes qui emprisonnent l'humanité.

La gloire de la vie, révélée dans ses parties, semblait néanmoins irréelle. Dans un monde de miroirs nous vivons, et un mécontentement croissant je ressentais. A travers la libération du mental, nous échappons à nos confins et pouvons voir plus clairement. Mais au-delà de l'espace et du temps et de l'illusion de la forme se trouve encore l'irréel.

Au-delà de toutes les précédentes frontières, dans les royaumes de l'intemporel où même l'illusion de l'instant tombe, j'ai cherché la fin de l'infinité. Les champs de mon corps se sont fissurés sous la tension lorsque j'ai vu les miroirs se répéter sans fin.

Les fissures causées par la souffrance et l'angoisse du cœur apportèrent une grande bénédiction. Davantage de lumière je pouvais contenir, davantage de clarté obtenir lorsque je me fus transfigurée dans l'immortalité.

Totalement silencieux devint le mental, tel un lac tranquille étendu sous le clair de lune. L'écriture et la parole s'accomplissaient automatiquement, sans être troublées par la moindre pensée.

Les langages des royaumes, les secrets des briques subatomiques de la vie — tout ce que j'avais besoin de savoir apparaissait. La recherche ne servait plus aucun besoin.

Tandis que j'étais assise devant mon feu ou que je marchais dans une rue animée, les cieux s'ouvraient. De grandes merveilles je voyais.

Les multiples couches de miroirs qui entourent notre cosmos n'étaient plus que les couches d'une membrane comme celles que l'on trouve dans la peau.

Des grappes de cosmos aussi vastes que le nôtre, le long d'un chemin en spirale se trouvaient. Douze chemins en spirale de cosmos supplémentaires je trouvai. Une grappe ils formaient, l'une des nombreuses qui en l'éternité s'étendent.

Nul besoin de voyager à travers des royaumes de mystère. Rien ne me semblait fermé. Mon corps se transfigura dans la maîtrise immortelle.

Roue des Anges Atlantes

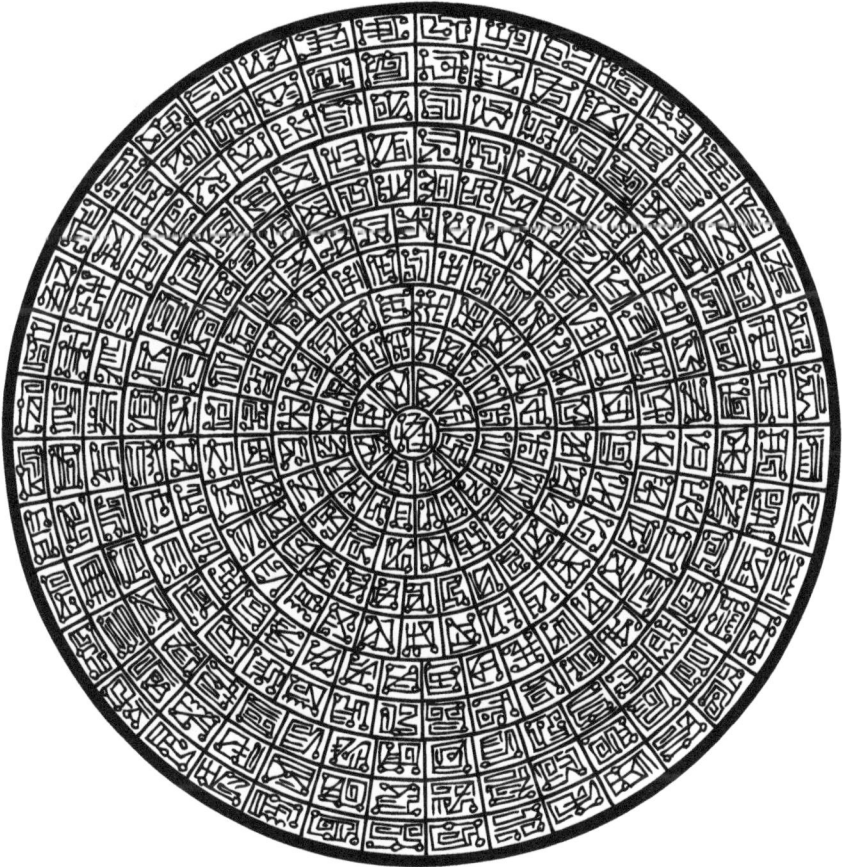

Le moment est défini par ce qu'il n'est pas. Tout ce qui est définissable est irréel.

Tandis que j'apprenais et observais de ce que je pouvais voir, profondes furent les réponses qui se présentèrent à moi. Aussi vastes que fussent les spirales qui s'expansent en l'éternité, elles n'étaient que les reflets d'un brin d'ADN.

Si l'on vient à se tenir dans un couloir de miroirs, une progression infinie d'images recule dans toutes les directions.

Le moindre mouvement les affecte toutes. Ainsi en est-il de la vie. Tous les grands, vastes changements de la réalité en déploiement éternel ne sont qu'une projection à travers les plus petits blocs de construction de la vie.

A travers le cœur des particules subatomiques de la vie brillent les images de l'immuabilité en déploiement de la Vie Une. Telle était la nature du Rêve.

Roue des Anges Lémuriens

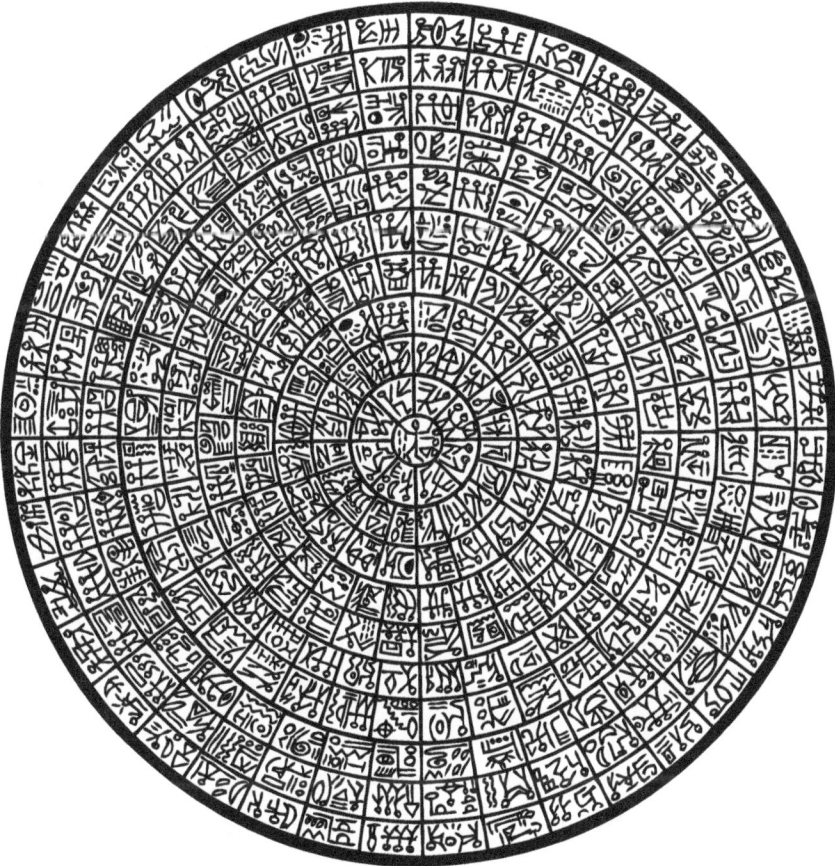

A travers les blocs de construction de la vie, l'Infini illumine le déploiement cosmique sur une scène sans fin.

A travers l'immensité, j'ai regardé attentivement mais il n'y avait que des images reflétées. Comme toutes les images dans les miroirs, les reflets sans fin transmettaient l'opposé de ce qui est.

Maintenant à travers les cœurs des particules subatomiques, les plus petites fenêtres sur l'Éternité, je regardais. Ma folie m'y fut révélée. Il n'y a ni immensité ni petitesse ; ni intérieur ni extérieur, car les opposés ne peuvent exister séparément l'un de l'autre.

Au sein de l'extérieur, l'intérieur réside. Au sein de l'éveil demeure le rêve. Au sein du déploiement cosmique se trouve l'éternelle immuabilité. J'ai cherché la multitude à l'intérieur de l'Un mais tout ce que je pus trouver fut moi.

Mais dans le miroir, je voyais clairement que les diverses formes de vie dansaient sur la scène de la vie. Comment se pourrait-il qu'un autre n'existe pas? Où se trouvait donc leur beauté?

Profondément dans mon cœur, ces mots furent murmurés : « La beauté que tu as vue était tienne. Jamais ne peut l'immensité de l'océan être divisée ou définie. Il n'y a qu'un seul Être en existence qui s'exprime dans la forme sans forme. Le miroir que tu as imaginé, comme un doigt pointé vers le soi, t'a montré ce que tu n'es pas, afin que tu puisses te connaître toi-même. »

Alors, irréelle aussi doit être ma forme, définie par ce qui n'est pas. La scène sur laquelle je danse ma vie, formée par les minuscules blocs de construction, de même est une illusion. Suis-je donc un os creux qui jamais ne fut réellement?

« Sans l'os creux, tu ne peux jamais créer la flûte. Le souffle de la vie Infinie à travers la flûte crée une musique exquise. »

Désencombrée alors, je danserai. Nul reflet de moi-même je ne chercherai. Car les miroirs ne pourraient jamais montrer la Vie Une qui se meut spontanément à travers moi. Au sein des confins de la forme illusoire, gratitude je ressentirai, sachant qu'elle sert l'objectif de la Vie Une de créativité spontanée.

Toute la vie est inconnaissable. Il n'y a rien à comprendre, rien que nous devions nous efforcer de devenir quand nous sommes une expression de l'Un. Pourtant la création est le Créateur. Dans la Vie Une, il ne peut y avoir de relation. Embrasser la contradiction, c'est vivre une vie de paix.

Roue de Fusion des Réalités

Les Rouleaux d'Infinité

Jusqu'où ai-je cherché, à quelle hauteur ai-je volé, pour finalement connaître la paix de l'abandon? A travers la Vie Une créé — ce foyer cosmique où je suis toutes choses et pourtant jamais seule.

Mais avec nos ailes, nous devons aussi avoir des racines avec lesquelles jouir des choses de la Terre. Les bibliothèques sacrées pourvues de dons si profonds, par ceux qui peuvent voir, en maints pays peuvent être trouvées.

Entendez maintenant leur sagesse longtemps préservée. Enterrées sont-elles sous les sables de la Terre.

Rouleau d'Infinité 1

Le Rouleau d'Infinité 1

Qu'est-ce que l'immortalité, sinon la prolongation d'un rêve dès longtemps oublié? La recherche de permanence est la folie du mental, s'accrochant à la structure, refusant de laisser le passé derrière lui.

Quand le silence et le mouvement deviennent un à l'intérieur, l'immortalité peut être maintenue indéfiniment. Mais rester identique sans fluidité est, au sein de la Vie Une, une impossibilité.

Ne cédez pas à la mort mais maîtrisez la vie et changez alors votre forme comme les nuages dans le ciel. Dans la danse de la pluie ou le flux de la rivière, que la danse de vie à travers vous se déploie.

Rouleau d'Infinité 2

Le Rouleau d'Infinité 2

Ne laissez pas le corps diriger, mais maîtrisez ses besoins. Le corps est un outil, un champ transitoire flottant dans l'espace sans espace de l'Infinité. Tout ce qu'autour de nous nous voyons, jusqu'à ce que nous affirmions son existence, est seulement une possibilité.

Le corps nous trompe en nous faisant croire que nous savons. Il donne l'illusion d'un point de référence au sein du flux éternel. Comme les pieds d'un danseur, il doit obéir. En union extatique avec l'Infini, la danse du danseur n'est pas la sienne. Ni succès ni échec il ne peut revendiquer, mais seulement l'unisson avec la Vie Une.

Rouleau d'Infinité 3

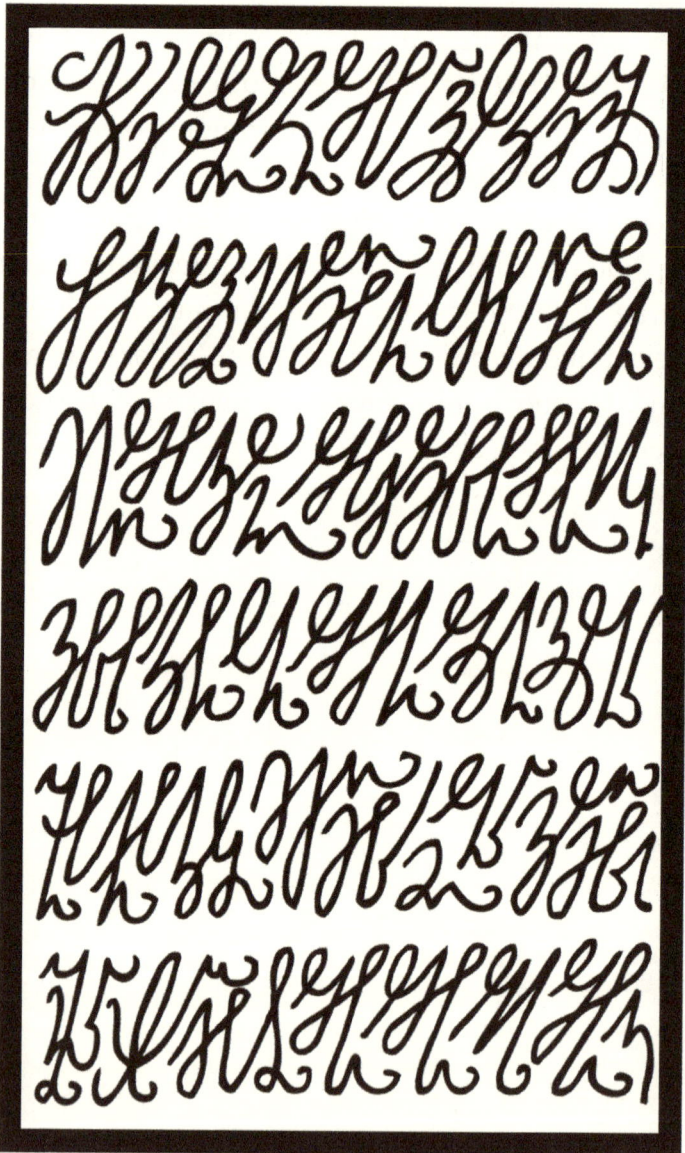

Le Rouleau d'Infinité 3

Celui qui croit qu'il sait est capturé dans la chrysalide du connu. Celui qui vit dans l'inconnaissable vole libre comme le papillon.

L'illusion du connu nous maintient dans une perspective liée à la terre comme la chenille qui rampe sur la feuille, inconsciente qu'au-dessus d'elle le papillon danse sur le vent. Pour un tel être, les possibilités de la vie passent sans être vues.

Ni matrice, ni programme ou résultat structuré ne peut exister. Ce sont là les rejetons illusoires du Grand Trompeur — le mental rationnel. Trompé par les sens et croyant que la vie est prévisible, la vie peut apparaître définissable. En fait, elle se déploie à neuf dans son expression.

Rouleau d'Infinité 4

Le Rouleau d'Infinité 4

A travers le tissage des systèmes de croyances, nous avons créé une toile de sub-créations. Les fils de nos croyances naissent de nos tentations de contrôler la vie en créant et en définissant la réalité.

La création est une illusion — une simple imagination. C'est quand nous croyons qu'elle est réelle que le jeu forme une réalité illusoire. Rien de nouveau sur la scène de la vie ne peut être créé car l'illusoire et le changeant demeurent en tant qu'un au sein de la Vie Infinie.

Les illusions, telles des ombres sur un mur, sont conjurées lorsque nous ne voyons pas que nous n'avons pas besoin de créer la vie mais de participer à ses surprises sans fin.

Rouleau d'Infinité 5

Le Rouleau d'Infinité 5

Que toutes choses ont un commencement, il a été supposé. L'idée qu'un point d'origine précède la création contient les illusions de la dualité, car rien n'a été créé et rien n'a commencé. Éternellement nous avons résidé, nous exprimant en tant que l'Un.

Ne cherchez pas l'origine de la vie. Ne succombez pas à l'addiction du savoir. Car le mental se fixe sur la certitude et résiste à l'inconnaissable flux sans mouvement.

Il n'y a ni linéarité, ni cause et effet quand nous demeurons dans l'intemporalité en tant qu'Être Éternel.

Embrasser le Sans-forme

Et beaucoup, nouvellement éveillés à l'aube, qui souhaitaient être libérés du rêve, se rassemblèrent pour demander ce que leurs cœurs voulaient savoir — en quoi la vie était plus que ce qu'elle paraissait...

Almine

Pourquoi tous doivent-ils exister en tant qu'un seul être alors que plus d'un être peut être vu?

Lorsque vous vous éveillez du rêve de la vie, une forme sans forme dans la mer infinie de la vie, de nouveaux outils sont nécessaires pour l'espace sans espace ; pour danser avec la Vie Une dans un embrassement paradoxal. Que la perception multi-sensorielle remplace les cinq sens. Quand le besoin de savoir se dissout, la connaissance sans effort prend sa place.

Alors, vous goûterez le souffle du vent. Le son de la musique, vous le verrez. Vous entendrez le sentiment du cœur d'un autre comme de la musique sur la brise.

Mais pourquoi nos yeux voient-ils de manière spatiale et pourquoi notre vision divise-t-elle et déçoit-elle?

La tromperie dans la vision est causée par la tromperie dans les croyances. Nous pensons que la forme est statique, donc c'est la réalité que nous voyons.

Comment pouvons-nous jamais être libres d'une telle tromperie?

En vous dégageant des entraves qui consistent à croire que vous savez ; en vivant comme un enfant explorant l'inconnu.

Et parle-nous maintenant de la parole... car ce qui est affirmé est ce qui advient.

En recevant la communication, n'écoutez pas avec vos oreilles. Que tous les sens et le cœur entendent derrière la communication. L'assimilation ne peut se produire lorsqu'il y a des pensées dans le mental. Quand les pensées sont silencieuses, la véritable intention derrière le langage vous trouverez.

Le langage est-il un outil obsolète pour capturer la réalité?

Vous pouvez aussi bien tenter d'attraper une étoile filante — ou tendre la main pour saisir l'éternité.

Alors, de parler pourquoi ne pas nous abstenir puisqu'il n'y a là rien à gagner?

Le seul langage que qui que ce soit puisse entendre est le chant éternel de la Vie Une. Là où un seul être en réalité existe, la communication n'a pas sa place. La communication fait partie de la grande conspiration de la vie. Afin de danser, elle fait semblant d'être dans la dualité.

Mais le langage est-il alors un ami ou un adversaire quand il filtre les paroles de l'autre?

Joue le jeu que la vie conçoit mais rappelle-toi que rien ne peut être entendu...

Quel est l'intérêt de jouer le jeu alors que je ne cherche que la vérité?

Ne cherche pas ce dans quoi tu résides. La vérité est l'Être de l'Infini. Le jeu que tu joues est pour toi, pour te libérer des apparences. A défaut de faire semblant, il n'y a pas de danse des formes individuelles. En faisant semblant que la relation existe, l'expression diverse naît.

Parle-nous des cycles de la vie, de ce qui s'est passé auparavant...

Scènes imaginaires d'un rêve, rien de plus.

*Mais sommes-nous alors dans des cycles qui se répètent sans fin?
Peut-être seulement plus grands que ceux que nous avions vus
précédemment?*

Les cycles viennent du temps linéaire qui se meut en spirale
encore et encore. Partout où cela est rencontré, on trouve le
changement cyclique.

*Alors, qu'y a-t-il besoin de changer lorsque nous résidons dans le
changement sans changement? Quelle est notre responsabilité? S'il-
te-plaît, donne-nous les réponses.*

Il n'y a pas de responsabilité requise de ta part lorsque le
déploiement de l'Infini fleurit par ton cœur.

*Mais sûrement, quand dans l'Unité je réside et en calme abandon je
demeure, cela aide à dissoudre pour tous le domaine de l'illusion?*

Il n'y a que la perfection. Même l'illusion joue son rôle. Il n'y
a rien à améliorer. Vis seulement de manière authentique à
travers le cœur.

Pourquoi la perfection n'est-elle pas apparente et pourquoi le chaos semble-t-il régner? Pourquoi y a-t-il une apparence de manque et pourquoi beaucoup sont-ils toujours en souffrance?

A partir d'un point d'observation plus petit, un ordre plus haut ne peut être vu. Il apparaît en tant que chaos créé de manière aléatoire. La souffrance vient de la tentative d'accomplir l'impossible ; s'opposer à la danse de la Vie Une. La douleur découle de notre résistance.

Quel message nous donnerais-tu avant de nous quitter ce jour?

Tu ne peux quitter ce que tu es. Nous sommes Un, le même être...

La Sagesse de la Devineresse

Quand les directions reviennent au foyer du coeur et
que la linéarité n'est plus, nous devenons la porte de
toutes choses.

Le courage n'est nécessaire que pour surmonter les
objections du mental. Quand le mental est immobile,
l'action juste est automatique.

La Terre est mon berceau et le ciel est ma couverture.
Où que j'aille, je suis à la maison.

Le mental crée des miroirs puis se bat contre eux.
Quand j'attends en silence, toute la vie se révèle à moi.

La vie change et pourtant ne change pas. Dans son déploiement, une forme cède le pas à une autre. Bien que cela puisse sembler destructeur, il n'y a que la perfection spontanée.

Ce que nous regardons, nous le solidifions. Ce que nous expérimentons se déploie en possibilités infinies.

Ce qui est réel est incorruptible et immuable. A travers
la fausseté de la forme, le réel brille et la Vie Une luit.

Lorsque l'action n'a pas d'objectif, l'être et le faire
deviennent un. Le repos sommeille dans mon travail.
Le travail n'est plus travail.

La beauté ne peut être vue que quand le mental est apaisé et que le coeur est ouvert. Qu'est-ce que la beauté sinon l'aperçu momentané de l'Éternité?

Partout où il y a division, il y a illusion. Chaque fois que quelque chose peut être défini, cette chose est irréelle.

Sachant que la vie est un rêve, nous pouvons devenir
des rêveurs lucides, maîtres de l'environnement du rêve.
La réalité devient fluide plutôt que statique et une vie
de miracles s'ensuit.

Vivre dans le non-temps ne signifie pas que vous
n'accordez pas d'attention à ce qui est devant vous mais
que ce qui est devant vous est tout ce qui existe.

L'initié sait qu'il peut changer son environnement en se changeant lui-même. Le maître ne connaît pas de différence mais jouit de son environnement en tant que lui-même.

Le besoin de lois extérieures pour gouverner l'homme intérieur implique qu'il est un effet des circonstances plutôt que l'expression de la Vie Une.

La communauté peut être une bénédiction ou une chaîne qui entrave. Elle n'est qu'un outil destiné à servir les individus en son sein, non un tyran exigeant qu'ils portent le masque de la conformité.

Le corps est un champ dispensable qui peut être remplacé par un autre. Il n'est qu'un serviteur. La partie réelle de nous-même est le maître.

L'environnement peut servir en tant que reflet de ce que nous sommes parce qu'il est nous. Ce n'est que par une singularité de notre vision que nous le voyons comme séparé.

La confiance en soi vient de l'identification à l'ego du petit moi. La confiance dans le Soi vient du fait de connaître notre infaillibilité en tant que Vie Une.

La pitié vient de la culpabilité. La culpabilité vient du jugement. Le jugement vient d'une incapacité à voir que tout ce qui existe sert un objectif ou ce ne serait pas là.

Quand nous regardons en arrière, le passé revient à la vie dans le présent. Quand nous regardons vers l'avant, nous créons un futur avec seulement les possibilités du moment et sans la contribution des moments encore à venir.

Pour vivre au-delà des frontières de la mortalité, nous devons vivre à partir du noyau de notre être et comme une présence aussi vaste que le cosmos ayant une expérience humaine.

Pour que l'Unité totale existe, tous les êtres doivent être androgynes, leur masculinité et leur féminité fusionnées en une union parfaitement harmonieuse.

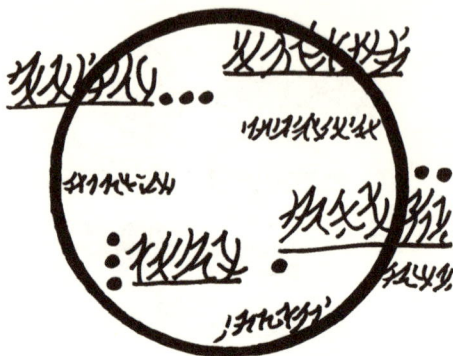

Tout comportement programmé doit se dissoudre dans l'expression fluide de l'Infini à travers nous. Ceci inclut les attentes conditionnées quant à la manière d'exprimer la masculinité et la féminité.

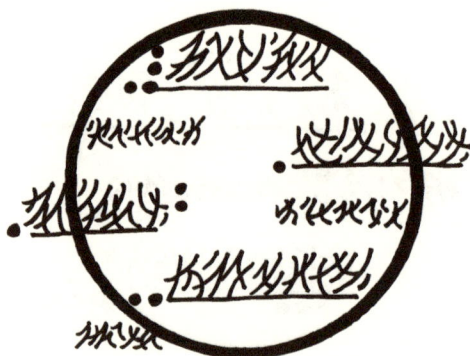

Embrasser tout en tant que possible s'accomplit lorsque les définitions et les attentes se dissolvent.

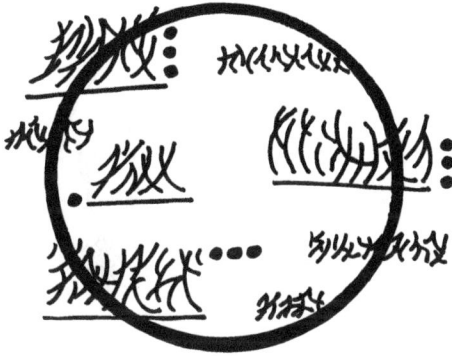

En tant que conduits pour le flot des ressources de l'Infini, nous devrions nous voir comme gardiens plutôt que propriétaires.

En unisson avec la Vie Une, nous annulons l'illusion de notre environnement, résidant toujours en l'espace sacré.

Qu'est-ce que le Rêve de la vie sinon les notes non chantées qui sommeillent en tant que potentiel dans la musique?

Appréciez le rôle de l'illusion, car ce qui n'est pas vu pour les cadeaux qu'il apporte se teinte de distorsion dans son expression.

L'individuation vient des ombres qui entourent ce qui est illuminé par la Vie Une.

Guérir la dualité ne veut pas dire mettre fin à la chanson en jouant toutes les notes en même temps, mais faire en sorte que chaque note qui est jouée reflète le tout en elle.

Même si la forme illusoire devait mourir, aussi longtemps que nous savons sans le moindre doute que nous ne sommes pas ce qui est corruptible, une autre se formera immédiatement à sa place.

Nul n'est vraiment libre qui porte le masque de l'identité. Il devient une marionnette dans les mains des autres.

Tout comme la toile d'araignée attrape le papillon,
de même les programmes attrapent l'âme humaine.
Libérez-vous d'eux avec vigueur.

Le chant de la vie devient discordant quand nous nous
focalisons sur l'illusion, les notes non chantées de la
vie. Notre focalisation les fait passer de l'état de sons
potentiels à celui de tons actuels dis-harmonieux.

Quand nous vivons à partir de la plénitude de la
Présence Infinie, seule l'illusion qui soutient la danse
demeure. Ce qui entrave la grâce du danseur se dissout.

La beauté vue avec les yeux est la beauté illusoire
de la forme qui, telle le pot d'argile, apporte délices
aujourd'hui et se fragmente demain.

Quand le changement est linéaire, nous sommes extraits
de la pureté innocente de l'intemporel en nous efforçant
d'atteindre le potentiel futur. Quand le changement est
exponentiel, le potentiel futur arrive maintenant.

Quand la beauté est vue avec le cœur, nous connectons
la partie réelle de nous-même à la partie réelle de la vie.
Nous entrons dans la Vie Une.

La pensée maintient le passé en place, comme des calcifications qui contractent le présent. Ce n'est qu'en remplaçant les pensées par la connaissance sans effort qu'elles se dissolvent.

La forme et le temps sont connectés comme les deux ailes de l'oiseau imaginaire de la progression linéaire. Quand nous vivons dans le non-temps, nous devenons non attaché à la forme.

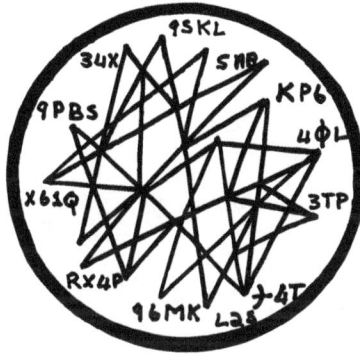

Les ressources abondantes deviennent nôtres quand nous quittons le mouvement de la vie qui est le temps. Quand nous devenons le point immobile, tout vient à nous.

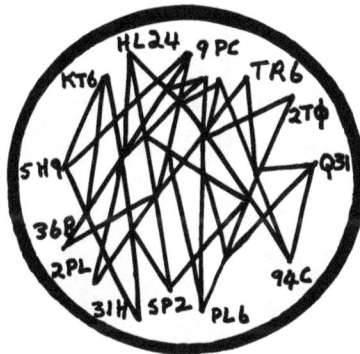

Les regrets viennent quand nous croyons que nous avons eu des succès et des échecs. En tant que partie du Rêve de la Vie Une, la vie s'est tout simplement écoulée à travers nous.

Nos petits moi n'ont pas de liberté de choix. L'ensemble de la vie est dirigé par la Vie Une. Le seul moyen d'être libre est de devenir la Vie Une.

Les causes à l'intérieur du rêve ne créent pas d'effet. C'est la Vie Une qui les crée. Quand nous cessons d'essayer d'affecter la vie, les miracles s'écoulent à travers nous.

Nous croyons que nous pouvons changer
indépendamment de notre environnement. Mais nous
sommes toutes choses. Quand nous changeons, tout
change.

La densité n'existe pas. Une zone de l'océan ne peut être
plus dense qu'une autre au sein de l'indivisibilité de la
vie.

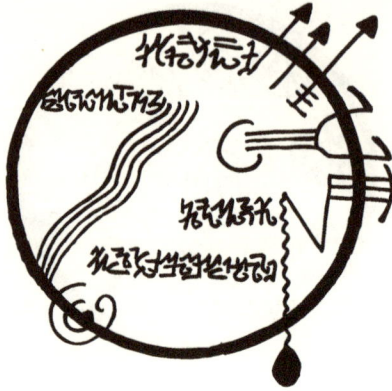

La paix dans le monde vient de la paix en dedans. La paix en dedans vient du mariage intérieur de notre masculin et de notre féminin en unité parfaite.

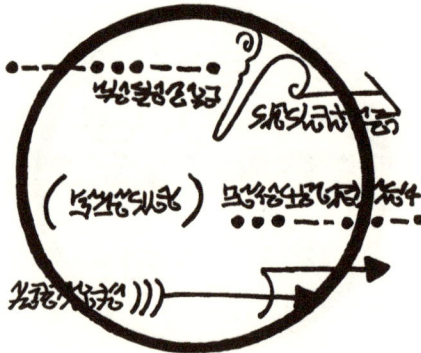

Lorsque nous essayons de réparer la vie, nous résistons à la vie, ce qui juge et divise. Reconnaître la perfection élève.

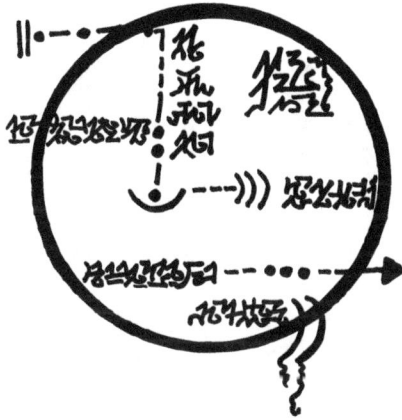

La détérioration n'est présente que lorsqu'il y a opposition à la vie. La véritable nature de la vie est incorruptible.

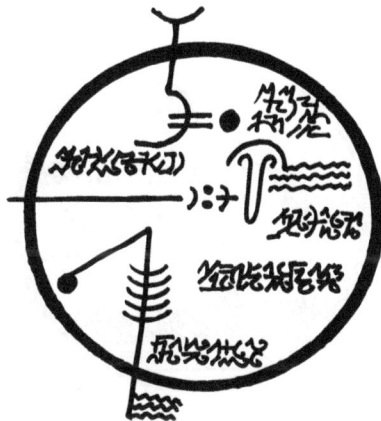

Il ne peut y avoir d'ordre lorsque celui-ci est défini en tant que structure. Ce n'est qu'un outil de contrôle créé par le mental.

Il ne peut y avoir de chaos. Nul défaut n'existe dans
l'Être Un. Le chaos n'est que notre manière de décrire
ce qui défie notre compréhension.

L'omniscience n'est pas disponible à travers le mental
mais elle vient en tant qu'expression spontanée et sans
effort du cœur.

A aucun moment, la vie ne requiert que nous la comprenions. La Vie Une sait tout et depuis notre petite perspective, elle est incompréhensible.

Toute relation est une illusion au sein de la Vie Une, même la relation intérieure de l'observateur et de l'observé.

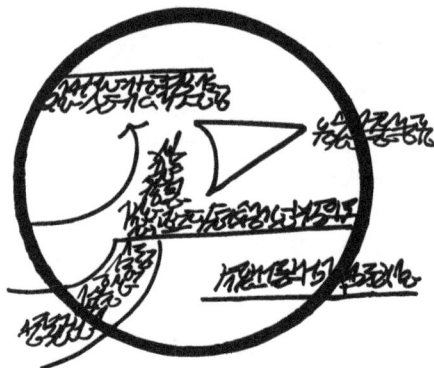

La réflexion sur soi obstrue la pureté de la vie spontanée
en créant la relation à soi.

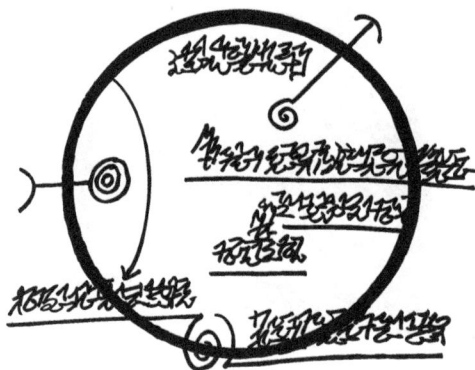

Il nous appartient de puiser dans la connaissance et
la compétence absolues de la Vie Une. L'idée qu'un
apprentissage soit nécessaire pour accomplir
l'excellence est une illusion.

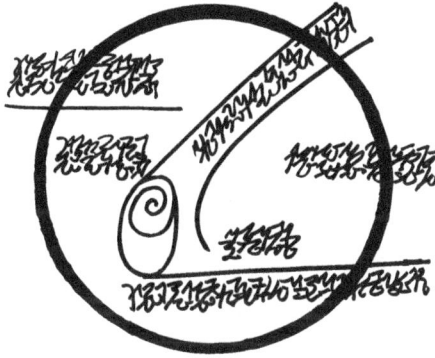

La vie autour de nous repose dans des champs enchevêtrés de possibilités qui viennent à la vie uniquement lorsque le chant de notre vie les stimule en existence.

Le déploiement apparaît en tant que mouvement mais ce n'est là qu'une illusion de nos sens. Il n'y a pas de mouvement parce qu'il n'y a ni espace ni direction dans l'Être de l'Un.

Tous les niveaux de conscience sont égaux dans leur contribution à l'Un. La même perfection s'écoule à travers le sage et le fou.

Le flot de la vie n'est pas mouvement. Cela est une illusion due à l'accentuation successive de champs qui existent à jamais, comme les notes jouées sur un piano.

Beaucoup accordent de la valeur à la connaissance et
la recherchent par-dessus tout. Mais qu'est-ce que la
connaissance, sinon la perception statique de la vie
qui s'est déployée hier?

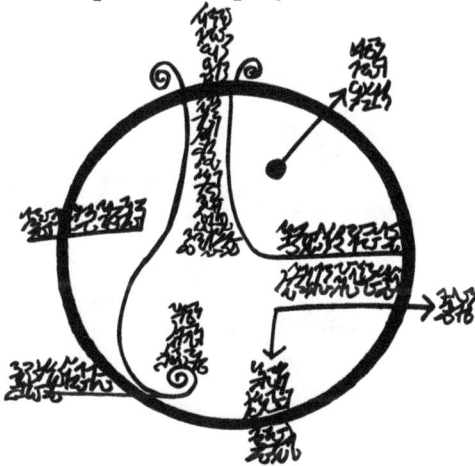

Il ne peut y avoir de hiérarchie de connaissance
lorsqu'elle est définie comme la connaissance sans
effort de l'instant — un don disponible pour tous.

La beauté qui reflète l'expression sans obstruction de la Vie Une ne peut changer ni se faner.

Il ne peut y avoir de hiérarchie de beauté lorsque chaque forme de vie individualisée exprime une facette unique de la vie en déploiement. Le lys ne peut être plus beau que la rose.

La beauté, en tant qu'expression de la Vie Infinie, doit se renouveler dans l'intemporel. Le cosmos ne soutient pas le statique.

Lorsque des êtres aimés succombent à la mort, nous pouvons ne pas être capables de communiquer entre les royaumes, mais nous le pouvons dans l'unité de notre être. La mort ne peut séparer cela.

En reconnaissant l'unité de l'homme, toutes les
perspectives diverses des tribus de l'humanité
deviennent nôtres et nous devenons riches à l'intérieur.

Nous pensons que nous portons le poids des âges mais,
pour la Vie Une, un instant seulement a passé.

La clé pour sortir de la roue en mouvement du temps linéaire et pour entrer dans l'immobilité de la Vie Une consiste à lâcher le concept de relation par la compréhension du fait qu'il n'y a qu'un seul être.

Les couches d'illusion ne se dégageront pas tant que leur valeur n'aura pas été vue. L'acceptation est le commencement du changement.

La séparation a apporté le confort aux parties de la
création se développant à des vitesses différentes.
Reconnaissez ceci afin que la séparation cède à l'Unité.

Le changement du cosmos d'une chenille en un papillon
peut sembler catastrophique. Ce n'est qu'à partir de la
vision de l'Infini que la perfection des changements
peut être vue.

Le Rêve a raffiné le cosmos dans ses stades d'incubation.
Les outils du rêve étaient l'espace et le temps. Ceux-ci
peuvent maintenant être lâchés avec gratitude.

Il n'y a pas de point d'origine ni de point d'arrivée. Il
n'est nul besoin de se hâter ou de s'efforcer lorsque la
vie est vue à partir de cette perspective éternelle.

Nulle approbation des autres ne peut jamais être valide
car ils ne peuvent pas comprendre les perspectives et
contributions uniques de notre vie.

Nulle approbation de soi-même n'est nécessaire car nous
avons été créés pour la joie. Il n'y a rien à accomplir
sinon la jouissance profonde de la vie.

L'opposition doit être reconnue avec gratitude en tant qu'outil de l'Individuation. Elle est ce qui a permis la danse joyeuse de la relation.

Rien n'a jamais été hors de contrôle dans la vie. Ce n'est qu'à partir de notre petit point d'observation que les choses peuvent paraître hors de contrôle.

La vérité est tout ce qui existe et elle est le fondement de la vie. L'illusion est l'outil temporaire de la vérité.

Les hiérarchies divisent, à moins que nous ne réalisions que nous sommes à la fois les points hauts et les points bas de la vie ; les notes hautes et les notes basses de la symphonie.

Nous nous sentons souvent responsables du maintien de l'harmonie de notre environnement. Dans le tableau d'ensemble, il n'y a que l'harmonie, et donc rien à maintenir.

Contemplez la perfection de la vie et elle se révèlera à vous en synchronicités sans fin.

Les ombres dans nos vies ne sont rien de plus que
les tours que nous nous jouons à nous-même pour
exprimer le potentiel qui n'a pas encore été récolté.

Que nous luttions pour obtenir l'éveil ou que nous lui
permettions de venir sans effort, toute compréhension
arrive au moment exact prévu par la Vie Une.

A travers nous, la Vie Une s'exprime de manière parfaite et en dépit de nous-même. Le violon le plus doux et le tonnerre des timbales ont une part égale en importance dans la symphonie.

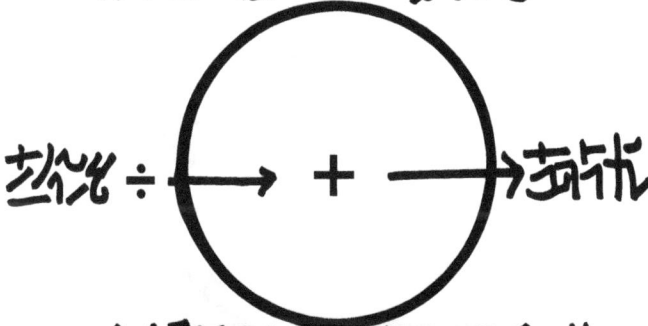

La vie est parfaitement dirigée et tout être y joue son rôle. Même s'il semble y avoir de l'apathie de la part d'un personnage, elle est écrite dans le script.

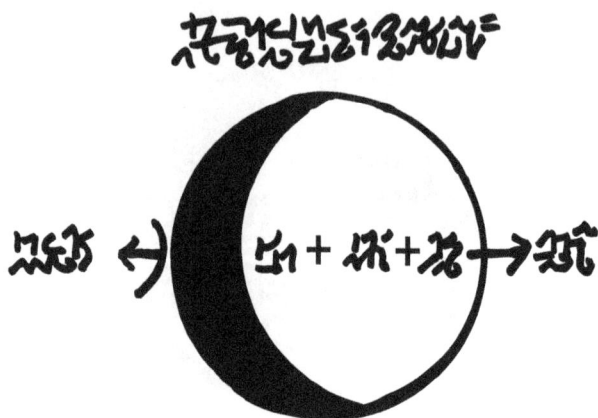

La vie tourne sur un seul point. Chacun de nous est un tel point pivot, affectant l'ensemble par chaque action à chaque instant.

La taille ne signifie rien pour l'Infini qui demeure dans l'espace sans espace. Parce que nous voyons le monde comme grand et nous-même comme petit, nous pensons que le monde peut nous affecter. Dans notre réalité en tant que porte pour la Vie Une, nous sommes la cause, non l'effet.

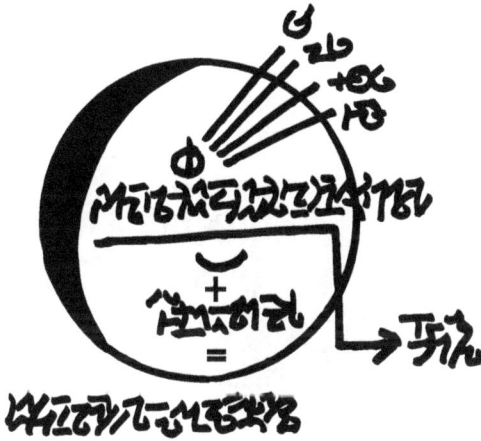

Le bonheur apparent de ceux qui vivent sur la roue de hamster de la vie est une illusion. Le bonheur n'est pas l'accomplissement de nos désirs mais l'accomplissement sans avoir de désirs.

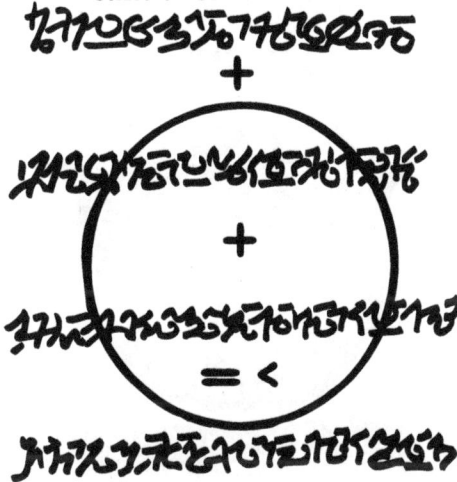

Nous hésitons à agir avant de pouvoir assurer un résultat bénéfique. Tous les résultats sont bénéfiques dans la bienveillance de l'Infini.

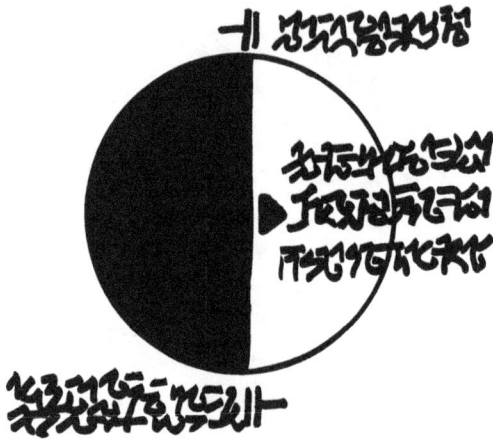

Que la vie se déploie à travers nous, spontanément
et ingénument, bercé par la certitude que la vie est
bienveillante pour toutes les individuations.

S'abandonner à la solitude de découvrir qu'il n'y a pas
d'être autre que Nous-Même nous fait transiter vers la
plénitude finale dans laquelle nous nous connaissons
nous-même comme étant toutes choses.

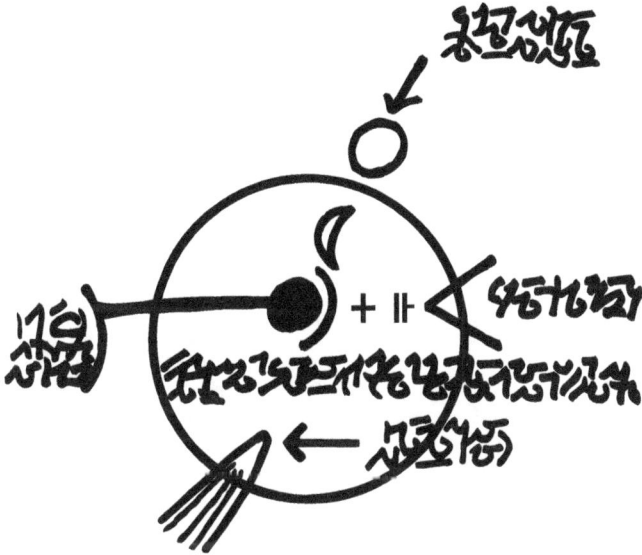

Toutes les zones de confort sont constituées par le familier et le connu, que l'on soit dans l'identification à l'ego ou dans la maîtrise de l'expansion. La vie doit devenir l'inconnaissable pour devenir un avec l'Infini.

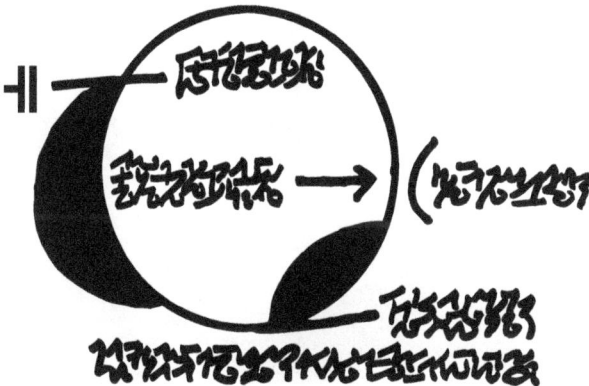

Nulle croissance n'est nécessaire mais il ne peut non plus y avoir stagnation. La stagnation doit céder au jaillissement exubérant de la Vie Une.

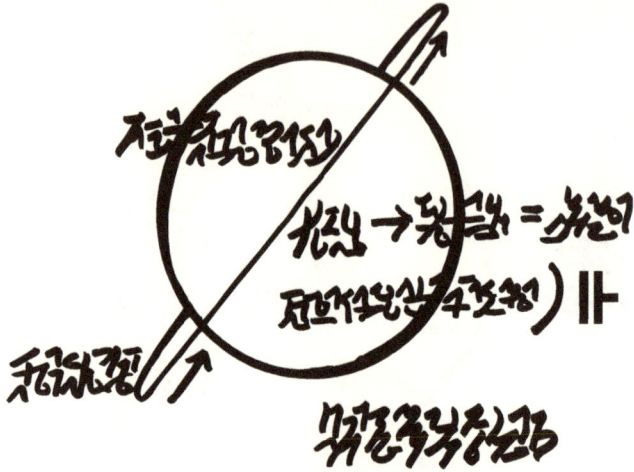

C'est dans la découverte innocente de la vie que naît le maître. Que notre mantra soit : Je ne sais rien. J'expérimente toutes choses dans l'intemporalité de mon être.

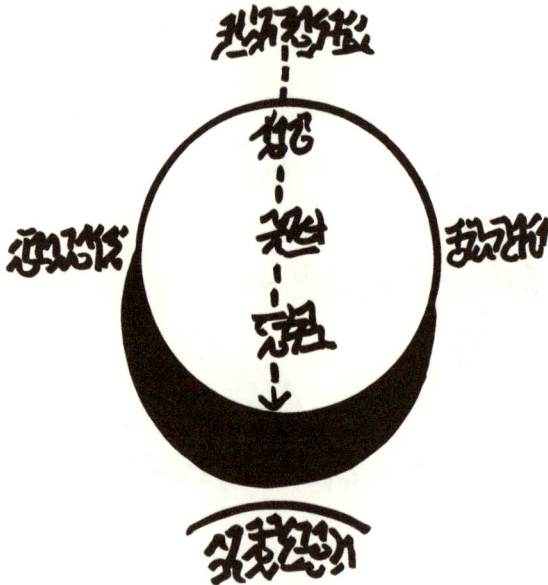

La tendance à étiqueter les parties de la vie afin de pacifier la raison et de fournir l'illusion de prévisibilité nous maintient en esclavage vis-à-vis de la forme. Afin d'éviter ceci, nous expérimentons la vie avec une totale attention à l'instant.

Plus nous nous focalisons sur une chose à l'exclusion des autres, plus la vie devient limitée. Se focaliser sur une partie de la vie quelle qu'elle soit, c'est s'efforcer de maintenir une fontaine jaillissante dans un seau.

Nous sommes tels des portails pour la compassion infinie. Aimer les autres avant de s'aimer soi-même n'est pas possible car c'est l'amour de soi qui ouvre la porte du cœur.

En dehors de la Divine Compassion, toutes les formes
d'amour ne sont que des sub-créations de l'homme.
L'amour humain lie, la Divine Compassion libère
tout le potentiel.

Lorsque nous ne vivons pas en reconnaissant
l'interconnexion de la vie, la fragmentation du
soi cause la folie de l'égocentricité.

La conviction n'est pas synonyme d'exactitude. Pourtant
beaucoup suivent aveuglément parce que nous avons
l'illusion de croire que nous pouvons savoir, alors que
la vie est essentiellement inconnaissable.

Le génie n'a pas d'intellect. Il est présent chez le maître
dont le mental est vide en tant que connaissance sans
effort.

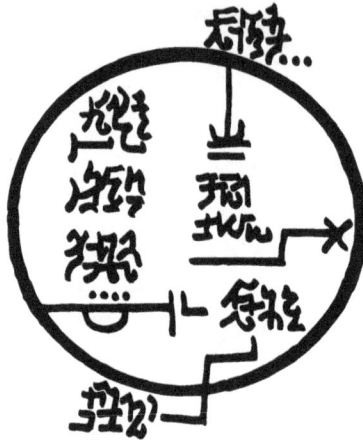

La peur de commettre des erreurs, couplée avec la réalisation de fait que la vie est inconnaissable, amène l'homme à s'accrocher aux fragments de la vérité d'hier. C'est dans la confiance en soi en tant que l'Être Un que nous lâchons l'obsolète.

Nous croyons que nous tergiversons mais le cosmos se déploie en un timing immaculé. Nous sommes toujours exactement au bon moment.

Le timing de la vie est orchestré par ce qui apparaît comme des retards. Mais le timing des pas de la danse est sans défaut.

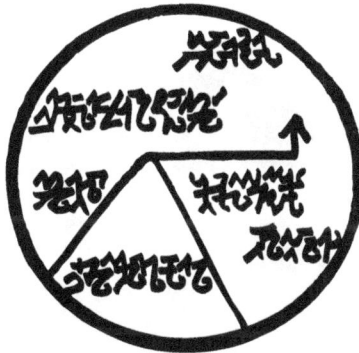

La peur profondément ancrée que la Vie Une puisse se comporter de manière destructrice trouve sa source dans le fait de voir la destruction de l'ancien comme cataclysmique. A partir de la grande perspective éternelle, la vie cède avec grâce au déploiement.

L'océan de conscience que chacun de nous est ne
déplore pas ses pertes ni ne se réjouit de ses gains.
L'océan dans sa plénitude connaît le flux et le reflux
en tant qu'expression sans fin de lui-même.

Tel un enfant indocile qui défie l'autorité de la
guidance de la Vie Une, observez avec bienveillance les
bouffonneries du mental mais, comme un parent sage,
ne les tolérez pas.

Dans la pièce de la vie, ceux qui sont les porteurs de la lumière planétaire jouent aussi le rôle de points pivots archétypaux. Cette connaissance subliminale peut leur donner l'impulsion de sauver le monde, mais la vie pivote sans effort à travers eux.

Parce que la vie se meut à travers nous, nous n'avons pas de liberté de choix et donc pas de responsabilité. Le concept de liberté est comme la main disant au corps : « Je veux être libre ».

La tribu est un des mécanismes de timing de la vie.
Elle essaie de lier par la conformité, maintenant les
individus dans la médiocrité. Ceux qui souhaitent
vivre dans l'excellence doivent rompre avec la tribu.

La sagesse d'hier a mis fin au rêve d'hier. Elle a très peu
d'application pour mettre fin au rêve d'aujourd'hui.

Si vous nourrissez le tigre, il vous prendra votre main.
Il n'est pas moral de pacifier et de tolérer l'irréel. C'est en
fait dis-fonctionnel.

Le déploiement existant de la vie ne se remarque pas
parce que toute la vie bouge et change en même temps.
Ceci ne crée aucun point de référence vis-à-vis duquel
mesurer le changement. La vie est complètement
nouvelle à chaque instant.

Dans la quête pour la découverte du soi, certains le cherchent chez les autres. Le sage le cherche dans la métaphysique du cosmos. Les deux ont la même validité dans la révélation du mystère sans fin.

La connaissance de soi précède l'amour de soi, mais la seule connaissance de soi que nous puissions jamais avoir est que nous sommes un instrument pur et infaillible de la Vie Une.

Plus nous nous efforçons d'atteindre l'illumination, plus l'attraction pour nous maintenir vers le bas est forte. La lévitation doit être équilibrée par la gravitation. Ce n'est que dans le changement sans changement qu'il n'y a pas de polarité.

Pour maintenir le déploiement de la Vie Une, nos efforts pour apporter l'illumination à la vie accroissent l'illusion des êtres d'ombre. De cette manière, la symphonie cosmique est toujours en harmonie.

« Il n'y a pas d'êtres d'ombre », dit l'enseignant du connu
tandis qu'il nage en rond dans son aquarium de vie
irréel. « Il y a des êtres d'ombre irréels », dit l'enseignant
de l'inconnu tandis qu'il les crée en accédant au
potentiel non récolté qu'ils représentent.

La Création est un rêve car, dans la Vie Une,
l'individuation ne peut jamais être. En pleine
coopération avec l'Infini, cela devient un rêve agréable.

Les programmes de vie structurés, tels que le
conditionnement social, agissent envers la vie comme
un virus, causant une réalité dissonante. Observez les
origines de vos actions afin qu'elles n'émanent pas de la
programmation.

Aussi longtemps qu'une quelconque programmation
existe dans nos vies, nos sentiments sont des sources
peu fiables pour véhiculer le déploiement de la vie
Une à travers nous.

Il n'y a ni destinée ni sort. Nulle mission divine que nous ayons besoin d'accomplir ne nous attend. C'est la tyrannie de la raison qui demande que nous justifions notre existence au-delà de la joie de vivre.

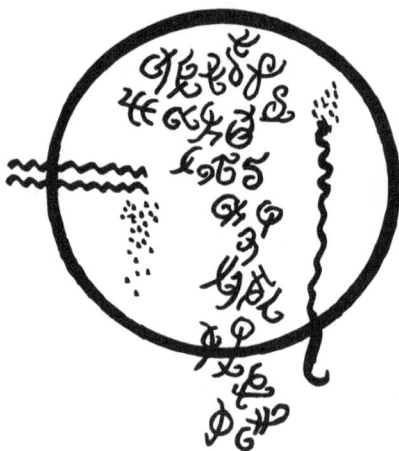

Beaucoup croient qu'il y a des moments clés que nous devons saisir afin de maximiser les opportunités de la vie. Parce que la vie est imprévisible, ils ne peuvent être vus que rétrospectivement et sont les changements impossibles à arrêter dans le rythme de la Vie Une.

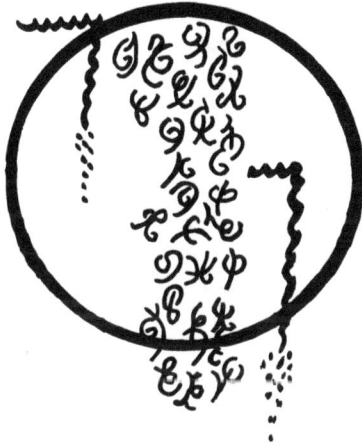

La bienséance n'est rien de plus que les valeurs d'un autre censurant nos actions. Que la liberté vis-à-vis de tout souci quant aux jugements et aux opinions des autres soit une décision consciente.

La parole sans authenticité donne puissance aux qualités masculines, séparatives de la vie. Parler à partir du cœur promeut l'inclusivité.

Beaucoup persuadent en activant les tons subliminaux de la voix à travers la conviction. Pour vous éviter d'être la proie de cela, écoutez avec détachement.

Le langage de celui qui transmet des faits est mort. Les mots de celui qui parle à partir du coeur sont vivants. Ceci est dû au fait qu'ils contiennent le spectre des tons entier.

Parlez seulement quand votre cœur vous incite à le faire. Ce n'est qu'ainsi que vos mots seront androgynes par nature. De cette manière vous parlez le langage de la Vie Infinie.

Que vos paroles soient une cause plutôt que l'effet des paroles d'un autre. Le maître répond, le sot réagit.

Ne vous défendez pas. Quel besoin y a-t-il, pour celui qui réside dans l'innocence de la Vie Une, de prouver qu'il en est ainsi? Seule l'innocence existe.

Celui qui parle ne peut écouter. La vie murmure ses mystères à l'oreille de celui qui écoute en silence.

Il y a ceux qui parlent en cercle et ceux qui parlent en ligne droite. Écoutez la signification derrière le cercle et sentez la signification derrière l'évidence de la ligne droite.

De nombreux programmes conçus par le mental, tels que la religion, ont réduit la valeur du corps. Ce sont des outils pour contrôler la merveille indescriptible du corps.

Le corps, dans son état véritable, n'est pas sujet à la
mort. Ce n'est que lorsque sa lumière n'est pas couplée à
la luminosité qu'il peut mourir. La luminosité s'exprime
à travers la vie authentique.

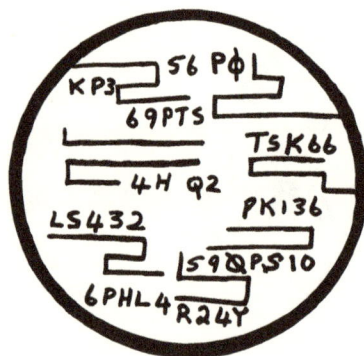

La réincarnation se produit parce que nous esquivons
des parties de la vie. Nous vacillons alors à travers
nos vies entre ce que nous évitons et ce que nous
embrassons.

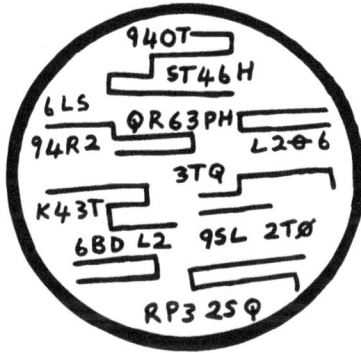

Lorsque nous vivons une vie programmée, tel un
papillon dans une toile d'araignée, nous ne pouvons
dire quand un autre fil de programmation subliminale
nous capture. La liberté vis-vis du conditionnement
révèlera l'intrusion des pensées d'autrui.

Que les actions justes ne soient pas source de regret.
Toute action accomplie à partir de la vie authentique
bénéficie à tous ceux qui sont impliqués, que cela soit
clair ou pas.

Plus nous voyons la divinité chez les autres et plus nous reconnaissons l'unité, plus leurs dons uniques deviennent nôtres.

Tandis que la vie se meut à travers nous, sa danse peut être accomplie avec résistance ou avec jouissance. La jouissance vient d'un sens de l'aventure et du contentement qui résulte de l'abandon.

Nulle histoire n'existe. Nul futur n'attend. Seulement l'instant qui s'étire dans l'éternité.

La solitude est le commencement de la grandeur. C'est le lieu où nous rencontrons l'Être Infini.

De la loyauté naît l'aveuglement. Ayez des autres dans votre environnement une vision neuve chaque jour, afin de ne pas les garder captifs en tolérant leur folie.

Tout ce qui s'est produit auparavant vous a amenés à la perfection de l'instant, au commencement de l'intemporel et à la naissance de la Vie Éternelle.

Conclusion

Bénissez les chaînes qui vous ont liés, tout comme dont la chenille en gratitude reçoit l'abri de sa chrysalide. En incubation nous nous sommes trouvés, attendant notre entrée dans la présence majestueuse de la Vie Une.

Tel le papillon qui prend son envol sur le vent et étend ses ailes dans les rayons du soleil, ne vous rappelez pas votre confinement avec regret. Il a été la matrice de votre naissance à l'incorruptibilité.

Vous ne verrez plus votre reflet sur les murs de votre confinement. Vous contemplerez l'image déformée de votre vieille identité. Car ce que vous êtes devenu ne peut être défini par le point de référence limité de votre ancienne existence liée à la Terre. Vous ne sommeillez plus à l'intérieur du cocon des rêves à moitié oubliés. Vous avez fusionné avec l'herbe dansant avec abandon dans le vent. L'enfant et le parent de la Vie Une vous êtes.

Livres d'Almine en Français

Irash Satva Yoga, le Yoga de l'abondance
Shrihat Satva Yoga, le Yoga pour nettoyer les incarnations passes

Livres d'Almine en Anglais

Seer's Wisdom, Guidance for Spiritual Mastery
Secrets of Dragon Magic, The Sacred Fires of the Hadji-ka
A Life of Miracles, Mystical Keys to Ascension, 3rd Ed.
Journey to the Heart of God, Mystical Keys to Immortal Mastery, 2nd Ed.
Secrets of the Hidden Realms, Mystical Keys
    to the Unseen Worlds, 3rd Ed.
The Ring of Truth, Sacred Secrets of the Goddess, 3rd Ed.
The Gift of the Unicorns, Sacred Secrets of Unicorn Magic, 3rd Ed.
Arubafirina, The Book of Fairy Magic, 3rd Ed.
Lemurian Science of Immortality
Handbook for Healers
How to Raise an Exceptional Child, Practical
    Wisdom for Spiritual Mastery
Secrets of Rejuvenation, Practical Wisdom for Physical Mastery
Belvaspata Angel Healing Volume I, The Healing Modality of Miracles
Belvaspata Angel Healing Volume II, Healing through Oneness
Saradesi Satva Yoga, The Yoga of Eternal Youth
Aranash Suba Yoga, The Yoga of Enlightenment
Labyrinth of the Moon, The Poetry of Dreaming
The Sacred Breaths of Arasatma, Alchemical
    Breathing Techniques of the Ancients

www.ingramcontent.com/pod-product-compliance
Lightning Source LLC
Chambersburg PA
CBHW030525100426
42813CB00001B/155